Por que as mulheres amam os homens fortes?

ELLIOTT KATZ

Por que as mulheres amam os homens fortes?

Como se tornar o companheiro que toda mulher quer ter ao seu lado

SEXTANTE

Tradução: Andrea Holcberg
Preparo de originais: Rachel Agavino
Revisão: Ana Grillo, Lilia Zanetti e Sheila Til
Projeto gráfico e diagramação: Ilustrarte Design e Produção Editorial
Capa e ilustração da capa: Silvana Mattievich
Impressão e acabamento: Lis Gráfica e Editora Ltda.

CIP-BRASIL. CATALOGAÇÃO-NA-FONTE
SINDICATO NACIONAL DOS EDITORES DE LIVROS, RJ

K31p Katz, Elliott
Por que as mulheres amam os homens fortes? / Elliott Katz [tradução de Andrea Holcberg]. Rio de Janeiro: Sextante, 2009.

Tradução de: Being the strong man a woman wants
ISBN 978-85-7542-525-1

1. Relação homem-mulher. 2. Casamento. I. Título.

CDD: 306.7
09-5215 CDU: 392.6

GMT Editores Ltda.
Rua Voluntários da Pátria, 45/1.404 – Botafogo
22270-000 – Rio de Janeiro – RJ
Tel.: (21) 2286-9944 – Fax: (21) 2286-9244
E-mail: atendimento@esextante.com.br
www.sextante.com.br

Sumário

Mulheres querem homens fortes

O que as mulheres querem? Essa é uma pergunta antiga, mas especialmente relevante para os homens do século XXI. Nos últimos 50 anos houve uma mudança nos papéis de cada sexo e nas expectativas quanto aos relacionamentos. Os homens agora são aconselhados a aprender a agradar as mulheres e a abandonar os estereótipos patriarcais do passado. Entretanto, por mais que o homem moderno e sensível se esforce para agradar sua companheira, seu caminho é marcado por frustrações, equívocos e ressentimentos.

A mulher bem resolvida quer um homem forte, que saiba tomar decisões e possa cuidar dos interesses daqueles que ama. Um homem com quem ela possa contar e que faça o que é certo – não o que é fácil, comum ou conveniente.

Elliott Katz acertou em cheio com *Por que as mulheres amam os homens fortes?*, um livro provocante e inovador. Com base na sabedoria de todos os tempos, Katz guia o leitor pelo labirinto de confusões criado pelo pensamento "iluminado" dos dias de hoje no que diz respeito aos papéis de cada sexo. Princípios antigos e eficazes ensinam como ser o tipo de homem desejado pelas mulheres, sem regredir aos clichês de masculinidade autoritários, ofensivos ou controladores.

Por que as mulheres amam os homens fortes? oferece esperança tanto aos homens quanto às mulheres. É leitura obrigatória para todo homem que estiver pronto para recuperar o seu eu masculino e começar a se tornar o tipo de companheiro que as mulheres realmente querem.

Robert A. Glover, Ph.D., autor de
No More Mr. Nice Guy (Chega de ser o cara legal)

A história por trás da jornada

Todas as vezes que temos um problema em nossos relacionamentos, em geral é mais fácil culpar o outro do que assumir a responsabilidade. No entanto, precisamos perceber que a relação é um espelho e que esses desafios são oportunidades para nosso crescimento pessoal. Mas como aprender as coisas que devemos saber para evoluir? A televisão e o cinema apresentam ideias confusas e estereotipadas.

Quando iniciei minha jornada, perguntei a mim mesmo se era o único a enfrentar aqueles desafios. Uma vez que homens e mulheres se relacionam há milhares de anos, será que não existiria alguma sabedoria universal da qual eu pudesse extrair algumas lições? Comecei a investigar e encontrei esclarecimentos encorajadores que respondiam diretamente às minhas perguntas.

Durante milhares de anos os homens adquiriram conhecimentos uns com os outros sobre como lidar com essas dificuldades. Ao contrário de muitos dos clichês atuais, esses conhecimentos dizem que os homens devem ser fortes e o que isso significa – algo bem diferente de ser controlador. Eles falam sobre as qualidades nobres, sobre as características e virtudes admiráveis de quem é viril. Por muitos anos os homens tiveram que lidar com desafios semelhantes aos que enfrentam hoje e cresceram a partir desses desafios.

Na história a seguir, um homem faz com que seu neto trave contato com essa sabedoria atemporal. Este livro não foi escrito para todos, mas sempre me surpreendo ao descobrir o número de pessoas que se identificam com ele e que se tornam mais fortes e mais felizes após sua leitura. Espero que você goste da jornada e que ela o conduza à verdadeira felicidade.

Elliott Katz

Capítulo 1

Se você não conduzir, eu não conseguirei dançar

Michael ergueu a taça e propôs um brinde:

– À saúde de vocês dois, vovô Joseph e vovó Sarah, em suas bodas de ouro!

Um pouco depois, Michael se aproximou do avô e perguntou:

– Vovô, me conte: como vocês conseguiram? Lisa e eu estamos juntos há sete anos e acho que não vamos chegar ao oitavo.

O avô pôs a mão no ombro de Michael.

– Não foi fácil. Nós dois tivemos que aprender muito.

– Eu faço de tudo para ser um bom marido e fazê-la feliz. Mas, por mais que eu me esforce, nunca é o suficiente.

Joseph assentiu.

– Michael, eu não o vejo há muito tempo. Estou feliz que tenha vindo. Vamos aproveitar a festa hoje. Amanhã conversaremos, só nós dois. Que tal uma caminhada, como nos velhos tempos?

Michael suspirou.

– Vou perguntar à Lisa.

Ele pensou no motivo para ter chegado atrasado à festa. Havia pedido à esposa para acompanhá-lo, com as crianças, mas ela havia se negado e também não queria que ele fosse. Michael não conseguia entender por quê.

Perdera a expressão de surpresa dos avós ao chegarem. Sabia que eles estavam esperando um piquenique simples no quintal com os pais de Michael, Norm e Helen. Em vez disso, foram recebidos com uma longa faixa branca, com grandes letras vermelhas que diziam "50 ANOS INCRÍVEIS!", e os gritos de alegria de seus filhos, netos e bisnetos.

Michael observou o avô dando balas às crianças menores. Depois, com Sarah ao seu lado, Joseph pigarreou para chamar a atenção dos presentes. Tentou conter as lágrimas enquanto admirava a família reunida.

– É difícil acreditar que 50 anos se passaram –

disse, olhando para a esposa. – Quando nos conhecemos, eu soube que Sarah era a mulher da minha vida. Sua bondade e gentileza eram tão grandes quanto sua beleza. Logo que nos casamos, foi difícil. Não tínhamos ninguém a quem pedir apoio, mas seguimos em frente. Nos piores momentos, Sarah sempre me ajudou a ver as coisas pelo lado positivo.

Joseph beijou o rosto da mulher. Ela mudara pouco com o passar dos anos. Seu corpo amadurecera e agora estava mais cheio, mas o rosto exibia o mesmo sorriso carinhoso e acolhedor que ela oferecia a todo mundo. O cabelo escuro estava mais curto e começava a ficar grisalho. Estava vestida de maneira simples, como sempre, de blusa branca e saia longa azul.

Todos saudaram o casal e ergueram suas taças. Michael tomou um gole de vinho e ficou observando o avô. Estava admirado da boa forma dele, que ainda mantinha as costas e os ombros aprumados. Seus olhos de um azul intenso ainda conservavam o brilho. Michael nunca havia percebido quanto se parecia com Joseph. Ambos tinham 1,80m de altura, um físico forte e cabelos escuros e ondulados, embora os do avô agora tivessem mechas grisalhas.

Michael olhou ao redor, observando sua família. Fazia algum tempo que não a via reunida e se sentiu feliz por estar ali. Viu seu pai, Norm, o filho mais velho de seus avós. O pai, também alto e forte, aproximou-se para cumprimentá-lo.

– Como vai o novo emprego? Está gostando de ser editor?

Michael sorriu. Sabia que Norm tinha orgulho de seu sucesso no trabalho.

– Eles gostam das minhas ideias. Estou muito animado.

A mãe de Michael, Helen, juntou-se a eles. Do tipo mignon e sempre deslumbrante, ela estava exultante por ser a anfitriã de tantas pessoas.

– Como estão as coisas com Lisa e os meninos? – perguntou ela.

– Na mesma – respondeu Michael e logo mudou de assunto. – A festa está ótima, mãe. Você deixou o vovô e a vovó muito felizes.

Começou a tocar uma valsa vienense da época em que Joseph e Sarah se casaram. Caminhando pelo quintal, Michael viu uma pomba pousar na cerca de madeira e a ouviu arrulhar. Seus olhos passaram da pomba à sua avó e ele se aproximou dela. Sarah era uma das pessoas que ele mais amava no mundo, além de ser a melhor cozinheira que ele conhecia. Ela era sempre receptiva e cheia de boa vontade.

– Michael, que bom ver você – Sarah sorriu e deu um abraço forte no neto.

Michael pegou-a pelo braço.

– A senhora me concede essa dança?

Ela sorriu e o acompanhou até o gramado, onde Michael a conduziu nos rodopios da valsa.

Enquanto dançavam, Michael disse:

– Vó, ouvi falar de uma teoria que diz que ser um casal é como dançar. Quando um dá um passo à frente, o outro dá um passo para trás. Você acha que é verdade?

Sarah pensou por um momento.

– Acho que sim, mas de um jeito diferente: se você não conduzir, eu não conseguirei dançar.

Capítulo 2

Ser forte

O dia seguinte amanheceu ensolarado. Michael, vestindo bermuda e camiseta, foi até a casa dos avós. Era uma casa antiga e pequena, numa rua ladeada por árvores grandes e frondosas. Ele olhou para os galhos grossos, lembrando-se de como costumava escalá-los. "Bons tempos", pensou. Entrou na cozinha pela porta dos fundos.

Sarah estava preparando o café da manhã enquanto conversava com sua vizinha Leanna, uma loura alta que havia pouco tempo tinha se separado de seu marido, David. Ela e Sarah eram boas amigas e sempre tinham muito o que conversar.

– Venham, sentem-se. Sirvam-se – disse Sarah, colocando na mesa ovos, torradas e frutas.

Como sempre, serviu primeiro o marido. “Ela é tão antiquada”, pensou Michael.

O avô experimentou uma torrada.

– Sarah, está uma delícia. Você se superou outra vez. Obrigado.

Sarah ficou radiante.

Michael sorriu. Sua avó prezava muito os elogios do marido. Joseph comeu depressa e pediu licença. Disse que ia procurar uma coisa.

Assim que o avô saiu da cozinha, Michael perguntou:

– Vovó, o que manteve você e o vovô juntos todos esses anos?

– Ele é um bom homem, uma fortaleza.

Michael ficou surpreso.

– Ele fala sobre os sentimentos dele?

– Sentimentos? Às vezes. Mas quando ouço um homem falando sobre seus problemas o tempo todo, fico entediada. Quero um homem que seja forte e confiante. Isso faz com que eu me sinta segura e amada. É difícil admirar alguém que vive falando dos próprios problemas.

Ela sorriu e continuou:

– Isso me lembra de algo que minha mãe costumava dizer: “A mulher quer admirar seu homem e olhá-lo com respeito, mas não quer que ele olhe para ela com ar de superioridade."[1]

– Sua mãe tinha razão – interrompeu Leanna. – Quem dera meu ex-marido tivesse entendido isso. Ele nunca compreendeu que, embora eu tenha um cargo de chefia no trabalho, quando estou com um homem quero me sentir mulher. Quero que ele seja forte, que me proteja. David é um bom homem. Ele me ajudava com a casa, lavava a louça, trocava fraldas. Mas era como se eu fosse mãe solteira. Quando era preciso tomar uma decisão, ele dizia: "Você decide." Preciso de alguém que saiba o que quer. Eu não conseguia respeitá-lo. Ele não satisfazia minhas necessidades emocionais.

Michael ficou pouco à vontade.

– Ele parece ser um cara legal. Talvez você não o tenha valorizado.

– David é um cara legal, mas eu queria que ele assumisse o controle. Ele não queria. Ou não conseguia. Eu tinha de resolver tudo e isso me magoava.

– Você está falando como a minha mulher – resmungou Michael.

– Michael! – Leanna ergueu a voz, frustrada. – Você simplesmente não entende. David também não entendia. Ninguém vai lhe pedir nada. Você tem de tomar a iniciativa.

– Deveria ser uma parceria – defendeu-se Michael. – Além disso, o que há de errado em ser um cara legal?

– Nada, mas eu quero um homem de fibra – disse Leanna.

– Você queria que ele a controlasse?

– Há uma enorme diferença entre ter fibra e ser controlador.

– Leanna, parece que você quer um cavaleiro numa armadura reluzente.

– Um cavaleiro numa armadura reluzente não diria "Você decide".

Sarah tentou acalmar os ânimos.

– Michael, sabe o que as pessoas costumavam falar sobre os homens que deixavam suas mulheres tomarem conta de tudo?

– O quê?

– Que quem mandava em seus galinheiros eram as galinhas.

– Como as que botaram estes ovos? – perguntou Michael, tentando fazer uma piada.

Sarah e Leanna se entreolharam. Leanna levantou as mãos, desistindo.

Joseph estava parado na porta da cozinha, escutando. Segurava um caderno velho.

– Achei o que estava procurando. Michael, acabe logo de comer. Vamos caminhar.

Ela quer admirá-lo
e olhá-lo com respeito.
Ela quer que você seja forte.

Capítulo 3

Saber o que quer

Joseph e o neto saíram da casa e entraram no carro de Michael. Jogaram suas mochilas no banco de trás e tomaram a estrada rumo ao norte. Após uma hora de viagem, pegaram uma saída para a Lookout Mountain Road. Michael já tinha feito aquele caminho muitas vezes. Diminuiu a velocidade na estradinha que acompanhava o rio de correnteza forte por um vale estreito e que subia gradualmente até a entrada do Lookout Mountain Park.

Michael estacionou perto do centro de informações aos visitantes. Ao sair do carro, respirou fundo. O ar fresco era maravilhoso. Ergueu a vista para os topos das montanhas, fechou os olhos e ficou escutando o som das corredeiras no rio ali perto. Quando Michael era menino, o avô costumava levá-lo ali para caminhar e ensiná-lo a montar fogueiras.

Eles entraram no centro de informações e se aproximaram de um mapa grande na parede, que indicava as trilhas que começavam ali perto.

– Vamos fazer a trilha até o topo da Lookout Mountain. O que acha, vovô? – perguntou Michael. – A vista de lá é sensacional.

– Hoje, você é o guia – respondeu Joseph. – Você decide.

– Então, vamos lá.

Pegaram suas mochilas no carro e começaram a subir a trilha. Logo estavam no meio de uma floresta de álamos que bloqueavam a luz do sol. Michael e Joseph sentiam o contraste entre a terra macia sobre a qual caminhavam agora e o concreto da cidade.

Michael parou por um momento, desfrutando o silêncio.

– Vovô, eu estava precisando dessa caminhada.

– Parece que você está com a cabeça cheia. O que está acontecendo?

– Não sei o que fazer com Lisa.

– Qual é o problema?

Michael hesitou antes de responder.

– Ela está sempre me criticando. Nada do que faço é suficiente para ela, mas faço tudo o que posso. Ela está colocando as crianças contra mim. Já não tenho mais vontade de ir para casa. Nunca sei o que me espera. Agora mesmo, sinto um embrulho no estômago só de pensar no que vai acontecer quando eu voltar. Tenho até sentido dores no peito.

– Eu entendo muito bem o que você está dizendo, Michael. Vou lhe contar minha experiência. Sua avó é uma pessoa maravilhosa. Tenho sorte de ter me casado com ela e aprendi muito vivendo ao seu lado. Anos atrás, eu não sabia bem como lidar com as coisas em casa e deixei que ela tomasse as rédeas. Ela também reclamava que eu não fazia o suficiente. Percebi que o que ela realmente queria dizer é que eu não estava demonstrando ter liderança. Alguns homens são controladores e querem tomar todas as decisões. Eu era o oposto. Quase não tomava decisão nenhuma. Deixava por conta dela e Sarah não estava feliz com isso. Não queria um marido dominador, nem tampouco que eu a deixasse no comando de tudo. Vou lhe dizer o que aprendi. Não é igual para todo mundo. Funcionou para mim e talvez funcione para você.

– Pode falar.

– A primeira lição que aprendi sobre como fazer sua avó feliz foi que eu tinha que saber o que queria. Eu precisava saber como queria lidar com as coisas.

– Como assim? Eu sei o que quero, mas Lisa nunca concorda comigo. O casamento não deveria ser uma parceria?

– Eu aprendi que Sarah tinha vontade de me admirar. Queria que eu fosse forte, e não que estivesse interessado apenas em agradá-la. Se eu não fosse forte, se não tomasse decisões, ela não me respeitaria. Você não perde o respeito quando percebe que alguém não tem fibra?

Michael não sabia o que pensar. Tinha ignorado sua avó e Leanna quando elas disseram a mesma coisa. Se era isso o que Lisa queria, por que sempre discordava dele?

Caminharam na floresta até chegarem ao lago Crystal. A luz forte do sol se refletia na água, fazendo Michael apertar os olhos.

– Olhe, um mergulhão! – disse Michael, enquanto ele e o avô observavam a ave afundar na água à procura de peixes.

– Aquela ave sabe o que quer – disse Joseph.

Do outro lado do lago, os penhascos da montanha Lookout erguiam-se da água, íngremes. Michael estava ansioso para chegar ao topo.

– Vamos seguir em frente, é lindo lá no alto. – Ele foi conduzindo o avô pela trilha que margeava o lago.

Joseph continuou:

– Aprendi que o que realmente importava era liderar minha família para realizarmos os objetivos que sua avó e eu estabelecíamos, mesmo quando eu estava cansado depois de trabalhar o dia todo.

– Eu tento, mas Lisa é crítica demais. Se cometo um erro, ela não me deixa esquecê-lo. Estou sempre cedendo e pronto para desistir. É mais fácil simplesmente concordar.

Joseph fez que sim com a cabeça:

– Michael, o que você está dizendo não é novidade. Eu costumava achar que seria mais fácil simplesmente concordar com Sarah, pois assim haveria paz. Mas estava errado. Ela não me respeitava.

– Achei que, concordando com Lisa, eu a deixaria feliz e ela me daria valor, mas ela não dá.

– A ironia é que, se você está sempre tentando agradar a outra pessoa, não consegue de jeito nenhum – respondeu Joseph. – Se você mostrar a Lisa que sabe o que quer, ela o respeitará mais.

– Mas o que eu quero é paz.

– Vocês estão em paz agora? Não se consegue paz cedendo sempre. As crianças precisam ver que seus pais respeitam e apoiam um ao outro.

A trilha se abriu numa campina repleta de flores do campo. Joseph e Michael pararam para apreciar aquelas cores magníficas.

Joseph deu uma risadinha e começou a contar uma história:

– Uma vez, um vendedor de carros me disse que, quando um casal vai comprar um automóvel, geralmente é a mulher que escolhe. Um dia, ele resolveu contar. Chegou o primeiro casal, a mulher escolheu um carro e o homem concordou. Com o casal seguinte foi a mesma coisa, e assim por diante até o sexto casal. O homem disse ao vendedor que modelo queria e a esposa concordou. O vendedor pensou: "Pelo menos um homem assumiu o comando hoje." E disse ao comprador: "Você fez uma boa escolha." Então o homem, parecendo confuso, respondeu: "Bem, minha esposa me disse qual carro queria."

Michael riu e Joseph continuou:

– Isso acontece há milhares de anos. Sabe quem foi Temístocles? No século V a.C., ele governou Atenas e estabeleceu os alicerces do império ateniense.[2] Ele dizia: "Eu governo os atenienses e minha esposa me governa."[3]

Michael assentiu e disse:

– Li que a filha de Mussolini, o ditador que governou a Itália durante a Segunda Guerra Mundial, certa vez falou que sua mãe é que era a verdadeira ditadora da família.[4]

Joseph sorriu.

– Sir Winston Churchill, o primeiro-ministro que liderou a vitória da Grã-Bretanha na Segunda Guerra Mundial, era um líder poderoso. Em 1960, um repórter lhe perguntou qual era sua opinião sobre a previsão de que no ano 2000 as mulheres dominariam o mundo. Churchill respondeu: "Então elas ainda vão estar dominando?"[5]

Michael deu uma risadinha.

– Churchill também disse que sua conquista mais brilhante foi convencer sua esposa a se casar com ele.[6]

– Vovô, há alguma esperança para nós?

Ela deseja um homem que sabe o que quer.
A ironia é que, se você está sempre
tentando agradá-la, não
consegue de jeito nenhum.

Capítulo 4

Liderança

Joseph e Michael caminhavam pela campina. Michael sentiu o aroma das flores.

– Viemos na melhor época do ano – disse Michael, observando os tons de azul, vermelho e amarelo das flores exuberantes.

– No início de meu relacionamento com Sarah, nós brigávamos o tempo todo. Não importava o que eu quisesse, ela parecia querer exatamente o contrário.

Joseph se sentou em uma grande pedra e pegou o velho caderno que encontrara naquela manhã.

Michael arregalou os olhos, surpreso.

– Sério? Sempre achei que você e a vovó tinham um desses casamentos antiquados que simplesmente davam certo.

– É verdade que sua avó tem muitas qualidades, mas não conheço nenhum casamento que "simplesmente dá certo". Comecei a procurar saber o que podia fazer para melhorar a situação e, sempre que aprendia alguma coisa que me fazia pensar "Quem dera eu soubesse disso antes", eu a anotava neste caderno. A primeira lição que aprendi foi que eu não era o único com aqueles problemas. Eles existem há milhares de anos.

Michael estava começando a experimentar uma ligação especial com seu avô que nunca tinha sentido antes.

– O que há nesse caderno?

Joseph o abriu na primeira página e retirou uma foto de seu pai.

– Guardo a foto de meu pai aqui como fonte de inspiração. Ele me ensinou muito, assim como minha mãe.

– É Lisa quem cuida da maior parte da educação do Danny e da Jessica. Ela entende mais sobre isso do que eu. Eu sustento a família.

– Você não é o primeiro a pensar assim. – Joseph virou outra folha do caderno e citou: – "Você terá mágoa e tristeza se achar que dinheiro e propriedades são suficientes para torná-lo um verdadeiro pai de família."[7] Quem disse isso foi Samson Raphael Hirsch, no século XIX.

Joseph virou a página e prosseguiu:

– Há uma antiga tradição judaica em que se realiza um serviço religioso em memória dos parentes falecidos. A parte que homenageia os pais diz "Meu pai, meu mestre",[8] e não "Meu pai, que pagava por todas as coisas que eu queria".

– Hoje em dia é diferente – protestou Michael.

– É mesmo? Quantas pessoas você conhece que põem a culpa de seus problemas em pais que quase nunca estavam presentes?

Michael não respondeu.

– Você se lembra do Dr. Benjamin Spock? – perguntou Joseph, virando a página.

– Claro, a mamãe me criou usando o livro dele, *Meu filho, meu tesouro.* Naquela época, todas as mães liam esse livro do Dr. Spock. Foi um dos mais vendidos do século XX. Quem me dera publicar um livro que vendesse tanto assim.

– Ele também escreveu um livro chamado *Educando filhos para os novos tempos*, no qual conta que as mulheres se queixavam com ele que seus maridos hesitavam em disciplinar os filhos. O Dr. Spock disse que disciplinar não é apenas ensinar, é "liderar, administrar, treinar, corrigir e, em alguns casos, castigar". Ele achava que algumas mães eram injustas porque queriam que seus maridos fossem mais severos do que o necessário, mas acreditava que a maioria tinha razão: os homens evitavam assumir sua parte na liderança.[9]

– Liderança? Parece a Leanna falando.

– O Dr. Spock disse que se um pai "quiser ter uma influência ideal sobre seus filhos e um bom relacionamento com sua esposa, em primeiro lugar deve ser pai, o que significa ser o líder e o modelo de seus filhos".[10]

Joseph continuou lendo:

– "Se um pai demonstra não passar de uma criança grande e bondosa, priva seu filho de um modelo forte em que se basear. Também impede que sua filha tenha uma boa referência masculina para usar como base em seus futuros relacionamentos com todos do sexo masculino, em especial com seu futuro marido."[11]

– Acredite, eu tentei. Mas Lisa me desautoriza. Eu desisto.

– Ouça, você não é o único. O Dr. Spock também escreveu sobre isso. Ele disse: "Conheço casos em que a mãe se queixava amargamente que seu marido não disciplinava os filhos, mas quando ele tentava tomar algumas decisões sobre as crianças e as corrigia, a tendência da mãe era contradizê-lo ou invalidar suas ordens."[12]

– Então, o que posso fazer?

– Michael, você precisa liderar seus filhos: ensinar a eles o que é certo e o que é errado e como lidar com os desafios da vida. Precisa ajudá-los a crescer. É isso o que os pais têm feito há milhares de anos. As coisas mudaram quando os homens começaram a trabalhar fora.

– Você quer dizer quando *as mulheres* começaram a trabalhar fora, certo?

– Não, quero dizer os homens mesmo. Os pais não costumavam trabalhar fora o dia todo. Antes não era assim. Não faz tanto tempo, as pessoas costumavam trabalhar em casa, fosse numa fazenda ou em seus próprios negócios. Os pais podiam se ocupar mais de suas tarefas como mestres e líderes de suas famílias.

Joseph fez uma pausa e depois prosseguiu:

– Conforme a sociedade foi se industrializando, surgiram grandes empresas. Os pais passaram a sair de casa de manhã cedo para trabalhar e voltavam exaustos, no final do dia. Foi uma das mudanças mais importantes na história da família.[13] Desde então, as crianças passam a maior parte do dia com suas mães ou outra mulher que cuide delas. Mais tarde, começam a ir à escola, onde a maioria das professoras é de mulheres. Muitos pais se limitaram à tarefa de ganhar dinheiro.

Achar que a principal tarefa do homem
é sustentar a família não é novidade.
No século XIX, Samson Raphael Hirsch
ensinou que um homem acaba tendo
mágoa e tristeza se achar que dinheiro
e propriedades são suficientes para
torná-lo um verdadeiro pai de família.

De acordo com o Dr. Benjamin Spock,
se um pai "quiser ter uma influência ideal
sobre seus filhos e um bom relacionamento
com sua esposa, em primeiro lugar deve ser
pai, o que significa ser o líder e o modelo
de seus filhos".

CAPÍTULO 5

Não se trata de ser controlador

Joseph e Michael ainda caminhavam pela campina, cada um perdido em seus próprios pensamentos. Entraram em uma área arborizada onde a luz do sol dava ao solo da floresta um verde exuberante. Michael acelerou o passo ao começarem a subir um longo trecho da trilha que ladeava a montanha. Eles chegaram a uma rocha que se projetava da encosta e subiram nela para apreciar a vista.

– Olhe ali. É o centro de informações, onde começamos a caminhada. Avançamos bastante – disse Michael, apontando para baixo.

Então, virou-se para seu avô e questionou:

– O que você está dizendo é muito diferente de tudo o que sempre ouvi. Isso não é ser controlador?

– Parece que você acredita em todas as coisas horríveis que ouviu sobre os homens, até nas piadas que nos fazem parecer bobos.

Michael sorriu.

– Qual é a diferença entre o homem e um bom vinho? – perguntou ao avô.

– Qual é?

– O vinho amadurece com o tempo.

Joseph suspirou e balançou a cabeça, com um olhar irritado.

– A maioria dos homens que conheço são pessoas decentes e maduras.

– Eu sei. Mas você não acha que existem alguns que são controladores?

– Alguns são, mas não confunda ser forte com ser controlador. Ser forte requer muito esforço. É um peso. É assumir a responsabilidade pelo que acontece, assumir a liderança e encontrar soluções para os problemas.

– Você acha mesmo que é isso o que Lisa quer? Acha realmente que faria diferença?

– Michael, depois que aprendi isso, sua avó passou a me respeitar mais, mesmo quando discordava de mim.

– Ela não passou a achar que você estava sendo controlador?

– Se ela quisesse que algo fosse feito de certa maneira e eu fosse contra só para mostrar que quem mandava era eu, estaria sendo controlador. Se eu tivesse insistido em fazer alguma coisa que demonstrasse que só me importava comigo mesmo, aí sim estaria sendo controlador. Mas quando você estabelece um objetivo que prova que você se importa com as pessoas que ama e persiste em tal objetivo, mesmo quando os outros discordam, isso é ser forte.

– Como você fez isso?

– Vou lhe ensinar. Preste atenção.

Ser forte não é fácil. É assumir a responsabilidade pelo que acontece, assumir a liderança e encontrar soluções.

Se ela quisesse que algo fosse feito de cer-[illegible] [illegible] fosse [illegible] só para mostrar que quem mandava era [illegible]

— [illegible]

— [illegible]

Capítulo 6

Ouvir

Joseph e Michael caminharam pela trilha na floresta até chegarem a uma clareira, onde antes havia uma antiga torre de observação, usada para avistar incêndios.

– Quando comecei a vir a este parque, a torre ainda estava aqui – lembrou Joseph. – O vigia ficava atento a qualquer incêndio na floresta e, quando via um, ia buscar ajuda.

Uma plataforma agora ocupava o lugar da torre. Eles subiram os degraus de madeira até o topo. Michael ficou maravilhado com a espetacular vista de montanhas, lagos e floresta, em todas as direções. Não queria quebrar o silêncio perfeito, mas após um momento disse:

– Acreditava que era importante um homem ouvir a esposa e os dois tomarem as decisões juntos.

– Claro que é importante. Você acha que essa é uma ideia nova?

– Acho que sim – respondeu Michael, dando de ombros.

Joseph consultou seu caderno.

– No vale dos rios Tigre e Eufrates, no sudoeste da Ásia, ficava a Babilônia. Os gregos antigos a chamavam de Mesopotâmia. Agora é o Iraque. No século III, havia um ditado popular na Babilônia, cuja interpretação é: "Se sua esposa for baixa, ajoelhe-se para ouvir seus conselhos."[14]

Michael pareceu surpreso. Seu avô continuou:

– Um grupo de professores da Babilônia escreveu que em alguns assuntos a decisão cabe ao homem e, em outros, à mulher. Disseram que o conselho de uma mulher tem um valor inestimável, mas, Michael, isso não significa que ela deva tomar todas as decisões. Um dos professores acrescentou que é preciso ter cuidado para não magoar a esposa, mas se o homem sempre seguir os conselhos dela automaticamente, sem usar seu próprio discernimento, sua vida pode se tornar um inferno. Ela pode levá-lo a fazer algo errado.[15] Em seguida, Joseph confessou:

– Sarah é uma pessoa inteligente. Valorizo e aprecio seus conselhos, mas nem sempre faço tudo o que ela diz.

– Disseram isso no século III? – Michael estava admirado. – Faz quase dois mil anos! Eu achava que os homens estivessem no comando naquela época.

– É mesmo? – perguntou Joseph, virando uma página do caderno. – Há dois mil anos também foi dito que existem três vidas que não são vidas: uma é a da pessoa que precisa comer à mesa de outros para sobreviver, a outra é a daquele cujo corpo está atormentado pela dor.[16] Sabe qual é a terceira vida que não é vida?

– Qual?

– A de um homem dominado pela esposa.[17]

Michael estava atordoado, como se tivesse levado uma pancada.

– É exatamente assim que eu me sinto, como se não tivesse uma vida. Como é que ninguém nunca me disse isso? Achei que as coisas eram diferentes naquela época.

– A natureza humana não mudou.

– Mas, vovô, isso que você está lendo são conversas entre homens sobre as mulheres.

Joseph balançou a cabeça e folheou o caderno.

– O que há de errado no fato de os homens aconselharem uns aos outros sobre como ser homem? Fazemos isso há muito tempo. Ainda bem que finalmente estamos conversando sobre isso. Queria que uma mulher lhe dissesse essas coisas? Ouvi o que Leanna disse no café da manhã. Ela não quer um homem que diga: "Você decide."

– É verdade – refletiu Michael.

Joseph continuou:

– Aprendi que ser forte significava estar aberto para ouvir as ideias de sua avó e usar o meu próprio discernimento. Às vezes, eu tinha que ser flexível e fazer concessões; outras vezes, tinha que ser firme. Eu não podia ceder com relação a coisas que sabia que estavam erradas. E, Michael, é nessas horas difíceis que ser forte e confiante realmente importa.

"Tome cuidado para não magoar sua esposa, mas se você sempre seguir os conselhos dela, sem usar seu próprio discernimento, sua vida pode se tornar um inferno. Ela pode levá-lo a fazer algo errado", aconselhou um professor no século III.

Capítulo 7

Ser digno

Do alto da plataforma, Michael observava a vastidão da floresta e os pássaros sobrevoando as copas das árvores abaixo.

– Lá está o lago Crystal. Parece tão pequeno daqui.

– Olhe! – Joseph apontou para uma águia que voava bem alto.

– É tão poderosa e elegante. Veja como voa – Michael ficou admirando a ave.

Quando a águia desapareceu de sua vista, ele virou-se para o avô.

– Se eu fosse forte como uma águia – disse, rindo –, Lisa concordaria comigo? Acho que não. Ela está sempre voando na direção oposta.

– Michael, o que está dizendo não é novidade. Acontece há milhares de anos.

– Eu sei, você não para de dizer isso.

– Lembra-se de Adão?

– O da Bíblia? Não me interesso por religião, vovô.

– Não importa. Só quero lhe mostrar que nada disso é novo. Se essas ideias circulam há milhares de anos, acho que vale a pena dar uma olhada nelas. – Uma rajada de vento virou as páginas do caderno de Joseph. Ele virou mais algumas e encontrou o que queria. – Adão estava sozinho. Queria uma esposa. E Eva foi criada para ser "uma ajudante opondo-se a ele".[18]

Michael ficou confuso:

– "Uma ajudante opondo-se a ele"? O que isso quer dizer?

– Boa pergunta. Um estudioso que viveu na França no século XI escreveu que esse enunciado nos ensina que: "Se você for digno, a mulher o ajudará; se não for digno, ela ficará contra você."[19] Em outras palavras, cabe a nós fazer as coisas darem certo.

– Digno? Vovô, se você perguntar a Lisa se sou digno, ela dirá que não. Ela está sempre contra mim.

– No século XVI, um sábio de Praga escreveu: "O homem e a mulher são dois opostos. Se o homem for digno, eles se fundem em um todo unificado. Mas se ele não for, ela ficará contra ele, porque são opostos."[20]

Michael suspirou.

– Está bem, vovô, e como eu faço Lisa achar que sou digno?

– Quando adotei uma atitude forte e tomei a iniciativa de lidar com os problemas, Sarah passou a me ver como um homem digno e se tornou minha parceira. Meu primeiro passo foi decidir que eu merecia ter uma mulher que me ajudasse e que não ficasse contra mim.

Cabe a você fazer as coisas darem certo.

Capítulo 8

Merecer

Joseph e Michael desceram do mirante e caminharam até chegarem a uma bifurcação sem placas na trilha.

– Vamos por aqui. É menos íngreme – sugeriu Joseph.

– Conheço essas trilhas – respondeu Michael. – Esse caminho é fácil, mas não leva a lugar nenhum. O outro é mais difícil, mas nos guiará ao topo da montanha.

Michael conduziu Joseph pela encosta, até chegarem a uma cachoeira muito alta. O som da água batendo nas rochas do vale abaixo ecoava com estrondo. Fizeram uma pausa para apreciar a bela paisagem.

Joseph estava pensativo.

– Houve um verão em que Sarah e eu alugamos um chalé perto do parque. Convidamos nossos amigos, Jim, Sharon e seus filhos, para vir nos visitar. Jim se confundiu com minhas indicações sobre o caminho e eles se perderam. Ele teve que parar em um chalé para pedir informações. Sharon o criticou severamente, na frente das crianças, por ter se perdido.

– Sei bem como é isso.

– Eu me lembro de ter perguntado a Jim: "Não acha que deveria ser tratado melhor?"

– O que ele disse?

– Que Sharon era assim mesmo e que não havia como mudá-la. Eu lhe disse que talvez ele achasse que não merecia nada melhor.

Joseph virou algumas páginas de seu caderno e leu:

– Há três mil anos, o rei Salomão disse: "Um homem é o que acredita em seu coração."[21] Você cria seu próprio mundo com aquilo que faz e o que não faz. Eu disse a Jim que, se ele acreditasse que merecia um tratamento melhor, o receberia.

– O que ele podia fazer?

– Eu lhe disse: "Se quiser que Sharon deixe de ser tão crítica, você tem que agir como alguém que merece ser mais bem tratado e que não vai aceitar nada menos que isso. Você precisa impor limites."

Michael ouvia, atento. Joseph continuou:

– Aprendi que mudar leva tempo. Também percebi que, se eu não impedisse que Sarah me tratasse mal, a ligação que havia entre nós seria perdida. Quanto mais ela me tratava mal, mais ressentida ficava comigo. Como podia me respeitar se eu não respeitava a mim mesmo?

– Vovô, Lisa já está ressentida comigo. Talvez seja tarde demais para nós.

– É mais fácil estabelecer um padrão bom no início, quando ambos estão empenhados, mas acho que nunca é tarde. Se eu consegui mudar minha situação, você também conseguirá mudar a sua.

– Como?

Joseph sorriu e disse:

– Suponha que um colega de trabalho quisesse sua ajuda para roubar a empresa. Você concordaria com isso?

– É claro que não.

– E se ele o pressionasse, você concordaria?

– Não, nunca.

– Gritaria com ele?

– Não seria necessário. Eu apenas lhe diria que não faria isso de jeito nenhum.

– Imagine uma outra situação: Você sai com Danny e ele quer que você lhe compre um brinquedo. Você já comprou outras coisas para ele nesse dia, então diz que terá que ficar para a próxima vez. Mas Danny quer o brinquedo agora e começa a fazer um escândalo. Você o deixaria agir assim? Cederia? Ficaria bravo?

– Não. Eu lhe diria que, se continuasse com o escândalo, não ganharia o brinquedo nem na próxima vez. Ele pararia imediatamente, porque sabe que cumpro o que digo.

– Então, Michael, quando tem certeza de que algo não é aceitável, você sabe impor limites sobre como os outros devem tratá-lo, e consegue fazer isso tranquilamente.

– É verdade.

– Quando vi como Sharon tratava Jim, eu me perguntei como ele podia aceitar aquilo. Depois pensei nas coisas que eu havia deixado passar e me fiz a mesma pergunta. Percebi que, se eu não acreditasse que merecia um tratamento melhor, não o receberia.

– Mas o que posso fazer, por exemplo, quando Lisa não para de me mandar fazer uma coisa, embora eu já tenha lhe dito que vou fazer, mas não imediatamente?

– Sua avó também fazia isso. Eu falava que já tinha dito quando ia fazer o que ela estava me pedindo e que, se não parasse de insistir, eu não faria mais a tarefa. Ela parava, e eu nunca deixava de cumprir minha palavra.

– Deu certo?

– Deu, mas você tem que ser coerente com o que está disposto a aceitar – respondeu Joseph. – Michael, pense em seu filho. Você é um exemplo para ele. Que tipo de homem quer que ele seja? Como quer que as mulheres o tratem? Pense em sua filha. Com frequência, as mulheres se casam com homens parecidos com seus pais. Você tem que ser o tipo de homem que quer que sua filha escolha.

Michael concordou:

– É um bom argumento.

Quando você acredita que merece ser bem tratado, não aceita nada menos que isso. Se esperar que a situação se deteriore, significa que impôs limites baixos demais.

CAPÍTULO 9

Assumir total responsabilidade

Michael e Joseph estavam próximos do topo. Logo antes de atingir o cume, a trilha fazia uma descida bastante íngreme, forçando-os a diminuir o passo e manter os olhos no chão para não tropeçarem em pedras ou raízes expostas.

– Eu costumava pensar que subir uma montanha era mais difícil que descer – disse Michael –, mas a verdade é que a descida é pior.

– Quando estamos acostumados a olhar para as coisas de certa forma – disse Joseph –, é difícil considerá-las sob um ponto de vista diferente. Vou lhe dar um exemplo. Eu costumava culpar Sarah pelo que estava acontecendo entre nós. Culpava sua criação. Assim eu podia culpar seus pais também. Outras vezes, atribuía a responsabilidade à influência que as amigas tinham sobre ela.

– Eu também faço isso, vovô. Mas é verdade. Lisa age desse jeito por causa de seus pais e de todas as coisas que suas amigas lhe dizem.

– Mas, Michael, eu não podia mudar a criação de Sarah nem o que suas amigas lhe diziam. Tive que aprender a encarar a situação por outro ângulo. Tive que prestar atenção às minhas próprias ações. O que eu estava fazendo? Como estava lidando com tudo aquilo? O único comportamento que eu podia mudar era o meu. Sua avó estava reagindo ao que eu fazia... ou ao que eu deixava de fazer e deveria estar fazendo.

– Bem, talvez tenha funcionado para vocês. Mas, vovô, o senhor não entende. Lisa é um caso à parte.

Eu também achava que Sarah era um caso à parte. Todo mundo acha que sua própria situação é especial.

– Mas a minha é mesmo.

– Para ser forte, eu tinha que assumir total responsabilidade por melhorar as coisas. Tinha que agir para conquistar o que queria. Não podia continuar dizendo "Ela tem que mudar" e ficar esperando que isso acontecesse. Assumir total responsabilidade também significava que eu não podia ceder a ela nem aceitar algo que eu soubesse que não estava certo e, depois, culpá-la quando as coisas dessem errado.

– Faz sentido – disse Michael.

– Também aprendi que não fui o primeiro a cometer esse erro.

Michael interrompeu o avô:

– Já sei, você vai dizer que isso acontece há milhares de anos.

Joseph riu.

– Sabe quem foi o primeiro?

– Não, mas sei que você vai me contar – disse Michael, sorrindo, enquanto ele e Joseph se sentavam em um tronco caído.

Joseph folheou seu caderno.

– Lembra-se de Adão e Eva? Estavam no Jardim do Éden, no paraíso. Foram proibidos de comer o fruto da Árvore da Sabedoria. O que aconteceu? Eva comeu e ofereceu a Adão. E o que ele fez? O que você e eu provavelmente teríamos feito: deixou-se levar por ela e provou do fruto.

– Eu conheço a história – disse Michael, com um sorriso irônico.

– Mas o que aconteceu quando Deus perguntou a Adão se ele havia comido o fruto proibido? Ele assumiu a responsabilidade pelo que fez?

Michael não tinha certeza. Joseph continuou:

– Ele disse: "Foi Eva que me deu da árvore."[22] Adão culpou a esposa. E o que aconteceu? Ambos foram punidos.

– Por que Adão foi punido? É verdade, foi Eva quem lhe deu o fruto.

– Foi justamente por isso que foi punido. – Joseph virou outra página de seu caderno. – Porque escutou a voz da mulher[23] e não fez o que sabia ser o certo. No século XVII, na Itália, um estudioso escreveu que Adão foi punido por seguir cegamente o conselho de sua esposa.[24]

Michael balançou a cabeça.

– Parece o que eu faço. Já cedi a Lisa tantas vezes para manter a paz, achando que ela me daria valor por isso. Depois, quando dá tudo errado, exatamente como achei que aconteceria, eu a culpo.

Joseph percebeu a frustração do neto.

– Não seja tão duro consigo mesmo. Acontece com muitos de nós.

– Quando Adão escutou a voz de Eva, como ela falou com ele? Foi sedutora?

Joseph virou uma página do caderno.

– Há uma explicação que diz que Adão não sabia que fruto Eva estava lhe oferecendo, porque ela lhe deu apenas o suco que tinha extraído do fruto. Quando ele hesitou, ela brigou com ele, mas mesmo assim não conseguiu convencê-lo a tomar. Então ela ficou gritando até ele não suportar mais e fazer o que ela queria.

– Quer dizer que nada mudou?! Lisa fica no meu pé até eu não aguentar mais e ceder.

– Costumávamos chamar isso de "atormentar" – disse Joseph com uma risadinha.

Michael riu, sem jeito.

– Lisa diz que está apenas tentando se comunicar comigo.

– Você acostumou Lisa a conseguir tudo o que quer de você.

– E a culpa é minha? Eu não aguentava – disse Michael, suspirando, frustrado.

– Eu não o estou culpando. Estou dizendo que você tem que saber o que quer e que é responsável por mudar a situação. Ninguém quer ouvi-lo se queixando de ser uma vítima de Lisa. Qual é a sua reação quando ouve um homem reclamando que está sendo maltratado pela mulher? Não acha que é pouco viril?

– Mas o que posso fazer?

– Em primeiro lugar, pergunte a si mesmo por que cede. Isso faz você se sentir necessário? Ou é para ter a aprovação dela? Eu tive que aprender a dizer não, de maneira educada, firme e confiante. Eu mantinha em minha mente uma imagem de sua avó me respeitando e me olhando com admiração, mesmo quando eu não fazia o que ela queria. Aquela imagem ficava em minha cabeça mesmo que ela levantasse a voz para mim. Sarah não mudou da noite para o dia, mas a situação começou a melhorar antes do que eu esperava.

Michael estava ficando agitado. Ele se levantou e voltou à trilha, e Joseph o seguiu.

Pare de culpar os outros. Assuma total responsabilidade por transformar a situação. O único comportamento que você pode mudar é o seu. Entenda que ela reage ao que você faz, ou ao que não faz.

Capítulo 10

Tornar-se mais forte

Joseph e Michael chegaram ao topo da montanha Lookout. Michael admirou a vista dos lagos cristalinos, das florestas de um verde vibrante e do céu de um azul sem fim. Ele propôs um brinde:

– À chegada ao topo! Nós estabelecemos nosso objetivo e o atingimos.

Eles beberam água de seus cantis e se sentaram no chão.

Depois de se acomodar, Michael disse:

– Vovô, sou grato pelo que Lisa faz, mas, quando tento assumir o comando, ela me critica. Se ela quer que eu seja forte, por que tenta me controlar? Quando eu cedo, tentando ser agradável, ela fica ressentida.

Joseph riu e disse:

– Eu também não entendia. Depois aprendi que há um propósito.

Michael acrescentou, depois de uma risadinha sarcástica:

– É claro que há um propósito. Ela faz isso para conseguir o que quer.

– Talvez ela o esteja testando para ver se você é forte, se tem fibra. Se não tiver, ela ficará com raiva. Eu aprendi que, quando cedia à manipulação, Sarah me desprezava por não ser forte. Se você não tem fibra, significa que não é forte o suficiente para protegê-la, e ela quer se sentir protegida.

Joseph virou umas páginas em seu caderno.

– No século XVIII, um místico italiano escreveu que tudo o que acontece em nossas vidas é um teste, uma prova que devemos encarar como uma oportunidade de amadurecimento, como algo que nos leva a descobrir uma força que não sabíamos ter. Quanto maior o teste, mais somos forçados a amadurecer.[25]

Joseph baixou o caderno e disse:

– Quando li isso, soube que se aplicava a mim. Percebi que muitas das coisas que aconteciam eram testes. Tive que me tornar mais forte e seguro e descobri que tinha mais força e autoconfiança do que havia imaginado.

Joseph bebeu mais um gole d'água. Depois perguntou:

– Michael, que tipo de pessoa costumamos admirar? Aquelas que superam as dificuldades e, com isso, se tornam mais fortes e seguras. Aquelas que sabem o que querem e agem para que suas vidas sejam como desejam. Aquelas que não inventam desculpas nem responsabilizam os outros.

Michael ouvia atentamente e então disse:

– Mas eu me sinto uma vítima.

– Pense na situação como se fosse um espelho. As coisas que me incomodavam estavam me mostrando como eu tinha que evoluir. As críticas e o controle sobre mim persistiam porque eu precisava me tornar mais forte e confiante. Aprendi que o medo de ser criticadas impede muitas pessoas de tomar a iniciativa. Justamente a iniciativa que as ajudaria a ficar mais fortes.

– Estou surpreso por você dizer isso. Sempre o achei forte.

– Eu me empenhei até que essa força passou a ser parte de mim. Se ficar agindo como vítima e culpar sua esposa, você perderá a oportunidade de amadurecer.

– Entendo o que está dizendo, mas ainda acho que a culpa é de Lisa por agir como age.

– Não importa de quem é a culpa. Eu tive que mudar porque não gostava do que estava acontecendo. Eu via os defeitos de todo mundo, menos os meus. Não conseguia entender que eu era parte do problema. Era mais fácil apontar o que Sarah estava fazendo de errado e culpá-la, mas nem ela nem eu éramos os vilões. Cada um de nós era um espelho de como o outro precisava amadurecer. Sarah é o meu espelho. Lisa é o seu.

– Mas eu me dou bem com todo mundo, menos com Lisa.

– Claro. Ninguém conhece Sarah melhor do que eu, e ela me conhece melhor do que ninguém. O que significa que conhecemos os defeitos um do outro melhor que qualquer pessoa. Uma vez, ouvi uma mulher dizer: "Você acha meu marido agradável? É porque não o conhece como eu." É verdade, poucos conhecem seus defeitos melhor do que Lisa. Mas é justamente porque o conhece tão bem que ela pode ajudá-lo a crescer.

– Não é fácil.

Joseph se recostou no tronco de uma árvore e disse:

– Muitos anos atrás, trabalhei para uma empresa que vendia queijos para supermercados. Eu ganhava comissão. Os queijos eram deliciosos, mas não consegui vender nada nos primeiros três meses. Fiquei preocupado, sem saber como ia pagar as contas. Culpei a equipe de compras dos supermercados. Só podia ser culpa deles, pois não estavam me ouvindo. Sarah sugeriu que eu observasse os outros vendedores e aprendesse o máximo possível com eles. Comecei a trabalhar de um jeito diferente e passei a vender bem. Se tivesse continuado a agir como antes, a situação nunca teria mudado. Ao adotar outra atitude, consegui revertê-la.

Quando ela se opõe a você, talvez o esteja testando para ver se você é forte e se sabe o que quer. É uma oportunidade para você se esforçar e evoluir como pessoa. Quanto maior o desafio, mais você é forçado a amadurecer.

Capítulo 11

Ser viril

Depois de descansar no topo da montanha, Joseph e Michael iniciaram a descida. Seguiram a trilha que contornava suavemente a encosta e logo chegaram ao lago Sapphire. Michael observou a pequena circunferência que ele formava, admirando sua deslumbrante cor turquesa. A margem por onde caminhavam estava coberta de seixos. Michael pegou uma pedra e a atirou na água. Ela quicou quatro vezes e deslizou na superfície antes de afundar.

– Eu me lembro de quando descobri o segredo de como fazer uma pedra saltar na água – disse Michael. – Você tem que fazê-la girar quando atira, senão ela afunda.

Joseph atirou uma pedra. Ela quicou duas vezes, deslizou na superfície e afundou. Joseph sorriu e disse:

– Eu descobri outro segredo.

Michael perguntou, rindo:

– Qual?

– Ser viril.

– Mas eu já ouvi inúmeras vezes que as mulheres não gostam de machões.

– Você está interpretando mal. Eu não disse "machão", disse "viril".

Joseph abriu seu caderno e leu:

– "O que significa ser viril? Ser viril é possuir as qualidades nobres de um homem de caráter maduro.[26] Significa ser corajoso, vigoroso e destemido.[27] De acordo com o dicionário, essas definições datam do século XVI.[28] Durante centenas de anos, era a isso que as pessoas se referiam quando falavam em virilidade.[29]

– Qualidades nobres? Não é o que ouço falarem sobre ser viril – contestou Michael. Ele atirou outra pedra no lago e, dessa vez, a pedra quicou só uma vez antes de afundar.

– Diga-lhes para checarem no dicionário – disse Joseph. – Desde que descobri isso, meu objetivo foi me tornar cada vez mais viril, mas de acordo com essa acepção positiva.

Joseph voltou a ler em seu caderno:

– "Ter um caráter maduro é ter padrões morais elevados, autodisciplina, determinação e força em suas convicções. Ser honrado é ser digno de respeito, é ser honesto e íntegro. Ser corajoso é ser capaz de lidar com dificuldades, dor ou perigo sem recuar, apesar do medo. E ser independente é ser seguro e autoconfiante."

Michael retrucou:

– Hoje em dia, não costumo ouvir as pessoas colocarem as palavras "virtude" e "homem" na mesma frase.

Joseph riu.

– Michael, um dos significados da palavra "virtude" é força e coragem viris. Há dois mil anos, quando os romanos usavam a palavra *virtus,* que é "virtude" em latim, referiam-se à virilidade.[30]

Michael atirou uma última pedra no lago. Ela saltou cinco vezes antes de afundar.

Ser viril significa possuir padrões morais elevados e autodisciplina, ser determinado, ter força em suas convicções, ser honesto e ter a coragem de enfrentar dificuldades. É ser seguro e autoconfiante.

CAPÍTULO 12

Doar

Michael e o avô caminharam à beira do lago Sapphire até chegarem a uma pequena construção de madeira conhecida como Cabana do Artista. Michael compreendeu por que um grupo de pintores de paisagens tinha escolhido aquele lugar para construir um abrigo para suas excursões ao parque. Da porta de entrada tinha-se uma vista espetacular do lago Sapphire e do vale.

– Olhe ali, vovô. Foi onde começamos nossa caminhada. Há um ditado que diz: "Uma longa jornada começa com um único passo." Já andamos muito. Vamos descansar um pouco.

Michael e Joseph entraram na cabana e sentaram-se à uma mesa de madeira. Michael ofereceu a Joseph um saquinho com nozes e passas.

– Obrigado por dividir seu lanche comigo.

– Eu sou generoso, vovô. Dou bastante coisa a Lisa e não peço muito em troca. Eu achava que amar significava doar, mas ela não está feliz.

– Michael, eu costumava pensar que, se desse tudo o que podia a uma pessoa, ela me retribuiria com amor. Depois aprendi que nossa tendência é amar mais as pessoas a quem doamos do que aquelas de quem recebemos. Quanto mais você oferece, maior se torna seu amor. Você não sente isso quando dá algo para seus filhos, que, quanto mais faz por eles, mais os ama?

– É verdade – disse Michael.

– Mas todos os filhos que receberam muito amam os pais?

– Às vezes esses são os que parecem mais ressentidos com os pais – respondeu Michael.

– Quantos homens você conhece que trabalharam duro para pagar todas as coisas que suas esposas queriam e depois elas pediram o divórcio e eles não conseguiam entender por quê?

– Muitos homens – disse Michael, balançando a cabeça.

Joseph abriu seu caderno.

– "O amor flui na direção do ato de doar."[31] Quem escreveu isso foi Eliyahu Dessler, um professor que ensinava comportamento ético, na Inglaterra, nos anos 1930. Ele escreveu: "Amar e doar andam juntos." Ele disse que podemos pensar que o amor nos leva a doar porque vemos que as pessoas são generosas com quem amam, mas é o contrário. "Aquele que doa ama. As pessoas amam aquilo de que cuidam. Veem uma parte de si mesmas naqueles a quem se doam."[32]

Michael ouvia atentamente.

– Por que parece que o amor não dura?[33] – prosseguiu o avô. – Dessler disse que a inclinação das pessoas é receber, não doar. Quando duas pessoas se sentem intensamente atraídas uma pela outra, tornam-se doadores e amantes. Lembra-se de como você e Lisa procuravam maneiras de oferecer algo um ao outro no início do relacionamento?

– Lembro. Por que isso mudou?

– Dessler disse que, depois de algum tempo, esses sentimentos intensos perdem a força e as pessoas voltam a querer receber. É uma mudança sutil. No início, há amor e uma troca entre o casal. Mas, gradualmente, eles voltam a querer receber e cada um começa a exigir mais do outro. Segundo Dessler: "Quando começam as exigências, o amor desaparece." Ele aconselhava aos casais: "Esforcem-se para que o desejo de oferecer algo um ao outro se mantenha vivo e forte."[34]

– Acho que estou começando a entender do que você está falando. Ninguém nunca me disse isso antes.

Joseph abaixou o caderno e disse:

– Aprendi que era importante que eu fosse generoso com Sarah, inclusive dando-lhe atenção e presentes, para que meu amor por ela continuasse crescendo. Também tive que aprender a deixá-la me oferecer coisas, não para que eu pudesse receber, mas para que seu amor por mim crescesse e eu pudesse lhe mostrar quanto lhe sou grato.

– Nunca pensei nisso dessa forma.

– Hoje, no café da manhã, quando sua avó me serviu primeiro, você olhou para nós como se nos achasse muito antiquados.

– Deu para perceber? – Michael estava surpreso. – Logo que nos casamos, Lisa costumava preparar a marmita para eu levar para o trabalho, mas eu não gostava da maneira como ela a preparava. Achei melhor eu mesmo fazer isso.

Joseph procurou outra página em seu caderno e leu:

– Samson Raphael Hirsch escreveu que, mesmo que uma mulher tenha empregados, nunca deve deixar que outros "assumam os cuidados" que demonstrem seus sentimentos de carinho por seu marido.[35] Mesmo que você não goste de uma pessoa, ao ajudá-la e fazer algo para ela, começará a mudar seus sentimentos.[36]

– É difícil.

– Sim, é – respondeu Joseph –, mas temos que nos forçar a fazer isso. Se perceber que está recuando, obrigue-se a agir logo.

– Não é tão simples assim.

– O contrário também é verdade. Se tratar mal uma pessoa, deixará de gostar dela. Lisa não vai amar você por deixá-la tratá-lo mal. Pelo contrário, vai passar a não gostar de você, e isso pode até virar ódio. Como ela pode amar alguém que se deixa maltratar?[37]

Então Michael disse, pouco à vontade:

– Estou prestando atenção, vovô, mas não sei se concordo com tudo o que disse.

"Amar e doar andam juntos", disse Eliyahu Dessler. As pessoas passam a amar aqueles a quem doam. Em geral, os problemas começam quando as pessoas preferem receber a doar.

CAPÍTULO 13

Estabelecer objetivos

Joseph ouviu o som de aves grasnando alto, fora da cabana. Apontou para os gansos no céu, que voavam em uma formação em V.

– Olhe, os gansos estão voltando de sua migração de inverno.

– Vovô, sabe por que os gansos voam nessa formação em V?

– Por quê?

– Ao bater as asas, cada ave gera uma força de sustentação que ajuda o voo das outras atrás dela. Assim, vão mais longe gastando menos energia.

– É interessante, mas só funciona porque todas estão indo na mesma direção – disse Joseph, sorrindo. – Você e Lisa estão indo na mesma direção? Quais são os objetivos de vocês dois? Quando completarem 50 anos juntos, o que desejam ter realizado?

– Nunca pensei num futuro tão distante.

– Vocês precisam saber o que querem e ter um plano para chegar lá. No início, Sarah e eu conversávamos sobre nossas metas, e percebi que tínhamos que fazer isso. Falávamos sobre como queríamos que fossem nossas vidas, como queríamos educar nossos filhos, de que maneira ganharíamos dinheiro e o gastaríamos. Você e Lisa conversam sobre seus objetivos?

– Conversávamos, no começo.

Joseph tomou um gole d'água.

– Nossas metas nos deram um propósito em comum que nos ajudou a permanecer unidos nas fases difíceis. Se não sentíssemos que tínhamos objetivos importantes a alcançar, provavelmente teríamos desistido. Se seu único objetivo for o amor, o que os manterá juntos quando o amor não estiver muito forte?

Michael ouvia atentamente.

– Aprendi a visualizar o que queríamos e fazer planos para tornar isso realidade. Nossas metas me orientavam quando eu tinha que tomar decisões. É mais fácil as pessoas aceitarem algo que talvez de início não queiram se entenderem que isso faz parte do plano geral. Sem metas para me guiar, eu teria ficado perdido, sem saber que rumo tomar.

Pensem no que vocês querem conquistar
e planejem como chegar lá.

Conversem sobre os objetivos de cada um.
Eles oferecem um propósito comum
que ajuda o casal a permanecer
unido nas fases difíceis.

Capítulo 14

Saber o que está acontecendo

– *Para poder guiar minha família* – prosseguiu Joseph –, eu precisava saber o que estava acontecendo em suas vidas. Aprendi a prestar bastante atenção ao que se passava. Ouvia atentamente o que Sarah e as crianças diziam. Eu me esforçava para entender seus sentimentos. Perguntava sobre suas atividades, no que estavam pensando e como se sentiam em relação ao que acontecia com eles. Perguntava sobre coisas que tinham me contado, o que demonstrava que eu havia escutado atentamente. Quando percebia que algo os incomodava, eu ouvia o que tinham a dizer. Eu lhes dava a atenção de que precisavam. Minha família sabia que eu me importava com ela.

– Eu tento fazer isso, quando Lisa não está me questionando – disse Michael.

– Como eu estava ciente do que acontecia em casa, sabia quando precisava assumir o controle de uma situação e encontrar soluções. Antes de eu descobrir isso, sua avó me acusava de deixar tudo para ela resolver.

– Lisa diz que tem de resolver tudo. Será que é isso o que ela quer dizer? Estou começando a entender o que você está me falando, vovô.

– Quando Sarah viu que eu me interessava pelo que acontecia com a família e que estava tomando iniciativas para lidar com a situação, ela se tornou menos crítica. Se eu esperasse que ela desse o primeiro passo e depois contrariasse sua decisão, ela diria que eu estava interferindo.

– Sei como é isso.

– Quando os outros sentem que você se importa com eles, aceitam sua orientação com mais facilidade. Há um velho ditado que diz: "As pessoas não se importam com quanto você sabe até que saibam quanto você se importa."

Michael sorriu.

– É assim que eu me sinto em relação a você, vovô. Sempre se interessou por mim, desde que eu era pequeno. Você era o único adulto que me ouvia. Eu sentia que se importava comigo. Acho que é por isso que estou conversando com você agora.

Michael abraçou o avô e disse:

– E agora, vovô?

Fique ciente do que está acontecendo, para saber quando precisa assumir o controle e encontrar soluções.

As pessoas não se importam com quanto você sabe até que saibam quanto você se importa. Quando você se interessa pela vida de alguém, essa pessoa sente que é importante para você e, em geral, fica mais disposta a seguir sua orientação.

Capítulo 15

Pensar antes de agir

Joseph abriu seu caderno e disse:

– Há um provérbio chinês que diz: "O chefe da casa deve governar sua família da mesma forma que se cozinha um peixe pequeno: com muito cuidado."[38]

Michael riu. O avô continuou:

– Pense muito antes de tomar qualquer atitude. Não reaja impulsivamente. Não siga apenas suas emoções. – Joseph consultou seu caderno novamente e acrescentou: – Um dos significados de ser forte é "ser capaz de lidar com situações difíceis, sem se deixar influenciar."[39] Aprendi a planejar como lidaria com as situações, principalmente aquelas que já tinham acontecido e que eu sabia que se repetiriam.

– O que devo fazer quando Lisa questiona minhas decisões na frente dos nossos filhos?

Joseph pensou por um momento e respondeu:

– Não recue, não volte atrás. Quando Sarah me contradizia, eu lhe pedia que me apoiasse, dizendo: "Por favor, fique ao meu lado na frente das crianças. Se você não concordar comigo, diga mais tarde, mas não na frente deles."

Michael ouvia atento.

– Não é fácil – disse Joseph, procurando algo em seu caderno. – Michel de Montaigne, filósofo e prefeito de Bordeaux, na França, no século XVI,[40] disse: "Governar uma família é um desafio pouco menor do que governar um reino inteiro."[41]

Michael sorriu.

– Percebi que tinha que tomar a iniciativa e fazer as coisas acontecerem – prosseguiu o avô. – Uma das coisas mais importantes que aprendi foi ter confiança em minhas próprias ideias.

Um esquilo tinha entrado sorrateiramente na cabana e estava tentando invadir a mochila de Joseph. Michael tentou pegá-lo. O esquilo escapou, subindo rapidamente por uma viga e guinchando alto na direção de Michael.

Joseph disse, rindo:

– Esse esquilo prova meu argumento. Comecei

a falar mais alto, a dizer aos outros o que pensava. Não podia esperar que lessem meus pensamentos; não podia dizer que simplesmente tinham de saber o que se passava na minha cabeça. Às vezes, quando estava sozinho, eu treinava explicar minhas ideias em voz alta, para demonstrar autoconfiança quando falasse.

Joseph prosseguiu:

– Eu também mantinha sempre um postura ereta, para demonstrar força. Quando sentir que está vacilando, empertigue-se, jogue os ombros para trás. Além disso, eu evitava usar expressões que demonstrassem insegurança, como "um tipo de", "uma espécie de". Fazia questão de ser sempre claro e preciso.

Joseph virou uma página de seu caderno.

– Moisés Maimônides foi um médico e filósofo do século XII, na Espanha. Ele escreveu que um homem deve se dirigir à sua esposa de forma agradável e gentil. Não deve se mostrar triste ou se enfurecer facilmente.[42] Eu me habituei a sempre procurar coisas boas em Sarah, coisas que pudesse elogiar. Quero lhe mostrar quanto a valorizo – acrescentou Joseph, sorrindo.

– Mesmo pelas coisas que é dever dela fazer? – perguntou Michael.

– Claro. Quanto mais ela se sentir valorizada, mais feliz ficará. Todo mundo quer que seus esforços sejam reconhecidos. Você não quer que Lisa lhe dê valor?

– É claro que quero.

– Aprendi a criticar só quando era estritamente necessário. Também aprendi a controlar meu temperamento. As pessoas se irritam quando não sabem lidar com uma situação e não encontram alternativas. Irritar-se é o oposto de ser forte. Ao se deixar levar pela ira, você pode prejudicar muito a si mesmo e aos outros. Sua mulher se lembrará de suas palavras ofensivas por muito tempo. Percebi que, antes de fazer qualquer coisa, eu tinha que parar e pensar em lidar com a situação tranquilamente.

– Como assim, "irritar-se é o oposto de ser forte"? – perguntou Michael.

Joseph consultou seu caderno.

– No século II, um professor chamado Ben Zoma disse: "Quem é forte? Aquele que controla suas emoções." Ele citou o rei Salomão que, mil anos antes, tinha escrito: "O homem que não se zanga facilmente é melhor do que o homem forte, e aquele que domina suas emoções é melhor do que o conquistador de uma cidade."[43] Aprendi que, se conseguir superar sua raiva, você será mais forte do que aquele que pode conquistar outras pessoas, mas que não controla a própria fúria.

– Mas e se irritar-se for parte de sua natureza? – perguntou Michael.

– Você pode controlar a maneira como reage. Imagine que esteja gritando com alguém. Então, o telefone toca e é seu chefe. Você não se acalma depressa? Claro, bem rápido, porque não quer perder o emprego. Conhece a história do escorpião e do sapo?

– Não.

– Um escorpião e um sapo queriam atravessar um rio. O escorpião pediu ao sapo que o levasse em suas costas. O sapo respondeu: "Tenho medo que você me dê uma ferroada." O escorpião disse: "Se eu fizer isso, nós dois nos afogaremos." Então o sapo deixou o escorpião subir em suas costas e começou a nadar. No meio do rio, o escorpião ferroou o sapo e ambos começaram a afundar. O sapo, atônito, perguntou: "Por que fez isso? Você também vai se afogar." E o escorpião respondeu: "Não posso evitar, é a minha natureza."[44]

Michael riu. Joseph disse:

– As pessoas não são escorpiões. Nós podemos controlar nossos atos.

Pense antes de tomar qualquer atitude. Não reaja impulsivamente, seguindo apenas suas emoções. Preveja as situações e planeje como lidar com elas tranquilamente.

Irritar-se prejudica a você e aos outros. Mostra que você não sabe lidar com o problema.

Capítulo 16

Tomar decisões

Joseph continuou:

– Para ser forte e confiante, você tem que tomar decisões e assumir a responsabilidade por elas. Compreendi que tinha que ser mais decidido e que eu era o único responsável pelas consequências de minhas escolhas.

– Eu tento ser decidido, mas, do jeito que as coisas andam, é difícil.

– Sarah achava que eu estava fugindo às minhas responsabilidades. É muito difícil tomar decisões e assumir as consequências. Quando dizia "Você decide", eu estava recuando no momento em que deveria tomar a iniciativa. Ela ficava muito decepcionada comigo, sentia que eu não a estava protegendo.

Michael sorriu.

– Nunca tinha pensado dessa maneira.

– Às vezes, você tem que tomar decisões de que as outras pessoas não gostam e que as deixam ressentidas. Todos os que tomam decisões têm que lidar com gente que não gosta delas. Aprendi que tinha que tentar entender os sentimentos de minha família. Tinha que ajudá-los a ver o lado positivo das escolhas que não os agradavam. Eu tentava fazê-los se sentirem bem ao realizar algo que a princípio não queriam fazer. Não é fácil, mas, se evitar os assuntos difíceis, você estará deixando de lidar com questões que precisam ser resolvidas e Lisa ficará magoada com você.

– Ela já está magoada, vovô.

– Você pode mudar isso.

– Se tomo decisões ruins, ela me culpa.

– Aprendi a confiar no meu discernimento. Muitas vezes, é melhor tomar uma decisão ruim do que não tomar nenhuma. Eu costumava achar que, se evitasse dar a palavra final, ninguém poderia me culpar por uma resolução ruim. Então percebi que o que não dava para evitar eram as consequências de *não* tomar uma decisão.

– Às vezes não sei o que decidir – admitiu Michael.

– Informe-se o máximo que puder. Existem muitas fontes de informações. Peça a opinião de várias pessoas.

– Eu faço isso. Mas o que devo fazer quando Lisa me pressiona para tomar uma atitude que sei que está errada? Tenho muita dificuldade em dizer não para ela.

– O que realmente importa não é o que você faz quando todo mundo concorda com você, mas o que faz quando os outros não concordam. Não se pode agradar a todos o tempo inteiro. A liderança implica fazer escolhas das quais algumas pessoas vão discordar. Eu tive que conhecer meus valores. Quando minhas decisões eram guiadas por eles, eu não me deixava influenciar facilmente. Isso me deu força e confiança em minhas convicções. Tornou-me mais resistente às críticas.

– Se não faço o que Lisa quer, ela me acusa de todo tipo de coisas.

– Quando tomo uma decisão, analiso os possíveis resultados. Penso no futuro, não apenas no presente. Ouço o que sua avó tem a dizer. Converso com ela até entender sua opinião e seus motivos. Às vezes, ela quer evitar que eu me precipite. Outras vezes, ela me chama atenção para algo em que eu não tinha pensado, e acabo concordando com ela. Ao discordar, ela me ajuda, e eu mudo de ideia ou nós chegamos a um meio-termo. Ser flexível também requer força e autoconfiança. Mas se eu realmente acho que não posso fazer concessões, me mantenho firme em minha posição.

– Vovô, você não acha que às vezes as coisas se resolvem sozinhas?

– Eu costumava pensar assim. É um jeito de evitar a responsabilidade. Comecei a dar a mim mesmo um prazo para decidir. Sem isso, eu poderia postergar por muito tempo.

– E se eu tomar uma decisão errada que afete a vida de outras pessoas? – perguntou Michael.

– Então, você terá cometido um erro. Assumir a responsabilidade por ele é um sinal de força.

– Mas não é fácil.

– Além disso, quem tomaria essas decisões? Alguém que não tenha medo de cometer erros? – perguntou Joseph, enquanto virava mais uma página de seu caderno. – Napoleão Bonaparte disse: "Nada é mais difícil e, portanto, mais valioso, do que ser capaz de decidir."[45]

– Interessante – disse Michael.

– Aprendi que as decisões que tomava em momentos difíceis eram as que mais contavam para Sarah. Era justamente quando a situação estava difícil que ela mais queria poder confiar em mim. Pense: quando há uma crise, respeitamos as pessoas que têm autoconfiança para assumir o controle. Não admiramos as pessoas que recuam.

Se evitar tomar decisões – deixando que outros decidam por você ou adiando até que as coisas se resolvam sozinhas – sua mulher pode achar que você está fugindo às suas responsabilidades.

Ser forte significa ter a iniciativa de tomar decisões em situações difíceis e assumir a responsabilidade pelas consequências.

Capítulo 17

Observar homens fortes

– *Eu aprendi muito observando* homens fortes. Observei como agem com confiança, como assumem o comando. Vi que não tentam agradar a todo mundo. Sabem que às vezes têm que tomar uma decisão da qual os outros discordam. Também vi como suas esposas os admiram quando eles estão no comando – disse Joseph.

– Eu achava que esse tipo de homem era ultrapassado – comentou Michael. – Não me sinto à vontade com eles.

– É mais fácil escolher amigos parecidos conosco. Mas aprendi que, quando não me sinto à vontade com alguém, talvez seja um sinal de que há algo que eu possa aprender com essa pessoa. Eu não fiquei só observando homens fortes, mas também me tornei amigo deles, para poder aprender com a convivência.

– Vovô, Lisa brigou comigo hoje só porque eu queria passar o dia com você – disse Michael, irritado. Após uma pausa, continuou: – Quando penso nos casais que são nossos amigos... os homens são muito parecidos comigo.

Joseph respondeu:

– Ao observar homens fortes, comecei a me imaginar agindo como eles. Eu deixava que essa imagem influenciasse minhas ações e me perguntava: "Como um homem forte agiria numa situação como essa?"

– Interessante.

Joseph virou uma página em seu caderno e disse:

– Isso não é novidade. No século IV, um erudito aconselhava maridos a "subirem um degrau" e se associarem a homens que fossem bons exemplos.[46] Observando aqueles homens, passei a perceber quando ficava intimidado. Quando me sentia inseguro, eu me forçava a agir de forma decidida e confiante. Dizia a mim mesmo: "Ela quer que eu seja forte. Respire fundo e vá em frente!" Quanto mais eu agia de forma decidida e confiante por fora, mais forte e seguro me tornava por dentro.

– Algumas decisões eram importantes para

mim, mas, quando eu tentava assumir o controle, Lisa me ignorava e acabávamos tendo uma briga feia – disse Michael.

– Ela não está acostumada a vê-lo tomar a iniciativa. A mudança demora para acontecer.

– E se ela continuar me ignorando?

– Eu achava que Sarah me ignorava porque, na minha cabeça, não esperava realmente que ela concordasse comigo. E quando ela não concordava, eu aceitava. Tive que mudar a imagem em minha mente. Tive que acreditar que ela reagiria de forma positiva. Demorou, mas aos poucos suas reações foram mudando.

Michael refletiu sobre o que Joseph estava dizendo. Por que não tinha pensado nisso antes? Perguntou:

– Como posso aplicar isso aos temas de conflito entre mim e Lisa?

Observe homens fortes.
Veja como assumem o controle.
Seja amigo deles.

Acredite que ela vai reagir
de forma positiva.

Capítulo 18

A questão do dinheiro

– *Temas de conflito como dinheiro*, por exemplo? – perguntou Joseph.

Michael assentiu.

Joseph riu e disse:

– Não é nenhuma novidade.

– Já sei, já sei. Há milhares de anos, já diziam... Muito bem, o que diziam?

Joseph abriu seu caderno e leu:

– No século III, os estudiosos ensinavam como evitar problemas que levavam a discussões no lar. Diziam: "Cuidem das finanças da família, pois as brigas são mais comuns em lares que enfrentam dificuldades financeiras. Questões financeiras podem causar ou agravar problemas matrimoniais que de outra forma não teriam surgido."[47]

– Acertaram na mosca, não? – comentou Michael.

– Eles até desencorajavam as pessoas a fazerem um investimento se isso pudesse causar uma tensão financeira a curto prazo, mesmo que, a longo prazo, rendesse muito dinheiro.[48] – prosseguiu Joseph.

– Que interessante. É um bom argumento.

– Sou muito grato por sua avó ser cuidadosa com o dinheiro. Ela não compra nada que não possamos pagar. Não vivemos além de nossas posses. Aprendemos a ser felizes com o que temos.

Joseph virou outra página em seu caderno.

– Você se lembra de Ben Zoma, aquele que escreveu sobre "Quem é forte"? Ele também escreveu: "Quem é rico? Aquele que é feliz com o que tem."[49] A pessoa verdadeiramente abastada é aquela que se contenta com o que possui.

Joseph fez uma pausa para tomar um gole d'água de seu cantil.

– Aprendi uma lição com meus vizinhos, Bruce e Claire. Eles sempre trocavam seus móveis, compravam carros novos, todo tipo de coisa de que, na verdade, não precisavam. Preciso admitir que eu invejava as coisas que eles tinham. Mal um aparelho eletrônico era lançado, eles o compravam. Estavam sempre comprando, comprando, comprando, mas isso não parecia deixá-los felizes. Sempre procuravam mais coisas para comprar, como se a próxima aquisição fosse finalmente satisfazê-los. Com o tempo, não conseguiram mais pagar todas as dívidas. Tiveram que vender os carros. Eu os ouvia brigando. Um dia, Bruce me disse que tinha inveja de mim, da paz que reinava em minha casa.

Michael suspirou e disse:

– Lisa gasta demais. Eu sempre lhe digo isso, mas ela não para. Tive que arranjar um segundo emprego para poder pagar as contas. Não posso continuar assim.

– Se for à falência porque Lisa gasta demais, você será considerado o responsável, por não ter assumido o comando das finanças domésticas.

– Mas quem gasta demais é ela!

– Ninguém aguenta ouvir um homem dizer que é vítima da mulher. Os homens devem ser fortes. Devemos ser capazes de lidar com essas questões e, se não formos, seremos responsabilizados.

– O que devo fazer?

– Michael, veja como está lidando com o problema. Está deixando que se prolongue. É desse jeito que você precisa agradar Lisa: pagando coisas que não tem condições de comprar? Isso faz você se sentir necessário? Ser forte significa saber quando e como dizer não.

Joseph abriu seu caderno em outra página e leu:

– Um professor do século II chamado Akiva disse que o homem que enriquece para poder dar luxos à esposa não é rico, porque ela nunca ficará satisfeita. Akiva disse: "Quem é verdadeiramente rico? O homem que tem uma esposa de temperamento agradável, que não exige muitos bens materiais e que, junto com seu marido, aprecia o que tem."[50]

Michael balançou a cabeça e disse:

– Vovô, não consigo enfrentá-la.

– Michael, para mudar minha situação, precisei mudar a forma como estava agindo. É isso o que você tem que fazer.

Cuide bem do dinheiro. Dificuldades financeiras podem causar problemas matrimoniais que de outra forma não teriam surgido.

Não entre em competições com os outros. Deixe que eles invejem a paz que reina em seu lar.

Capítulo 19

A questão da casa grande

Joseph e Michael ouviram as batidinhas rápidas de um pica-pau e se aproximaram de uma janela aberta. Fora da cabana, o pássaro estava fazendo um buraco em uma árvore. Michael perguntou:

– Vovô, você sabia que os pica-paus machos constroem seus ninhos nas árvores para impressionar as fêmeas?

– Michael, nós podemos aprender com os pica-paus. Eles constroem lares que são pequenos buracos em árvores. Suas casas não são maiores do que o mínimo necessário.

– Isso é curioso – comentou Michael, pensando no que acontecera a um amigo. – Meu amigo Paul me contou por que ele e a esposa se separaram. Vovô, parecia que tínhamos a mesma mulher! Ela queria uma casa maior, mas ele disse que não tinha condições de comprar uma casa grande. Ela disse que voltaria a trabalhar para ajudar a pagar a casa. Quando compraram a casa maior, ela mudou de ideia.

– O que Paul fez? – perguntou Joseph.

– Como eu disse, eles se separaram.

– E o que você vai fazer? Muitas pessoas se tornam escravas do financiamento imobiliário, Michael. Talvez Lisa queira uma casa grande, mas o que vocês precisam é de um lar tranquilo. Não compre uma casa maior do que pode pagar. É melhor ter uma casinha onde há serenidade do que uma mansão cheia de estresse.

– Eu disse ao pai de Lisa que estávamos nos excedendo por ela querer uma casa maior. Sabe o que ele me disse? "Não interessa o que Lisa quer. Você é o homem."

– Ele lhe deu um bom conselho – disse Joseph. – Se concordar com sua mulher e comprar uma casa além de suas posses, e depois culpá-la, você estará agindo como Adão.

– Julguei o pai dela antiquado, mas agora entendo o que ele quis dizer.

Joseph pensou um momento e pigarreou. Então disse:

– Vou lhe contar uma história. Há muito tempo, um homem morava em uma pequena choupana mais ou menos do tamanho desta cabana, com a esposa e oito filhos. Eles viviam brigando. Ele já não aguentava mais, então um dia decidiu pedir conselho a um sábio. "Vivemos em uma choupana e estamos sempre brigando. Nossa vida é muito dura. O que devo fazer?" O sábio lhe perguntou se ele tinha uma cabra. O homem ficou surpreso e respondeu que tinha três. O sábio lhe disse para levar uma das cabras para viver com eles na choupana. O homem ficou confuso, mas fez o que o sábio recomendou.

Joseph fez uma pausa. Em seguida continuou a contar a história:

– A choupana ficou ainda mais apertada. Alguns dias depois, o homem voltou a consultar o sábio, dizendo: "Nossa vida está ainda mais difícil. Por favor, ajude-nos." O sábio lhe disse para levar outra cabra para casa. Depois disso, a vida da família piorou muito. Passados alguns dias, ele foi correndo ver o sábio e implorou que o ajudasse. O sábio lhe ordenou que levasse a terceira cabra para dentro da choupana. O homem disse: "Não, já chega." Mas o sábio insistiu.

Michael estava admirado. Seu avô prosseguiu:

– As brigas se tornaram mais frequentes do que nunca. Mais alguns dias se passaram e o homem foi correndo falar com o sábio: "Não aguentamos mais." Então o sábio lhe disse para tirar todas as cabras de casa. Alguns dias depois, o homem voltou a procurar o sábio e lhe disse: "Minha choupana é grande. Minha vida está ótima."

Não se exceda comprando uma casa
maior que suas posses.
Isso pode causar uma tensão enorme.

Capítulo 20

A questão do trabalho

– *Sabe qual era o motivo das brigas* em minha casa? – perguntou Joseph. – Quando as crianças eram pequenas, eu quis que Sarah parasse de trabalhar. Eu valorizava todo o esforço que ela fazia para cuidar dos nossos filhos. Mas quando eles ficaram maiores, precisei que Sarah ajudasse a complementar a renda, só que ela não queria.

– Eu sei como é, vovô. Achei que estava sendo um bom marido ao trabalhar tanto para que Lisa pudesse ficar em casa cuidando das crianças. Agora quero que ela volte a trabalhar, mas ela se recusa.

Joseph assentiu e disse:

– Às vezes vou à academia, à tarde. Algumas mulheres, depois que terminam a ginástica, vão à lanchonete e eu posso ouvi-las reclamando de seus maridos.

Michael deu risada.

– Achei que só Lisa fazia isso.

– Michael... – Joseph suspirou e mais uma vez abriu seu caderno. – Não é novidade. No século XII, Maimônides escreveu que, mesmo que um homem tenha muito dinheiro e sua esposa tenha muitos servos, ela não deve ficar ociosa, sem trabalho.[51] Mesmo que você não precise do dinheiro, ela deve fazer algo produtivo.

Joseph continuou lendo seu caderno.

– Maimônides também disse que, se uma mulher quer trabalhar e seu marido não concorda, ele está errado.[52]

– Eu achava que a ideia de as mulheres quererem trabalhar fora só tinha surgido poucas décadas atrás.

– Eu já lhe disse, Michael, não há nada de novo.

Eles ouviram o grasnar de gansos que voavam por cima da cabana. De repente, Michael se deu conta de que muito tempo já havia se passado.

– Vovô, está na hora de voltarmos.

Seguiram a trilha, em silêncio. Michael pensava em tudo o que seu avô tinha dito. Era muito diferente do que estava acostumado a ouvir. Será que não passavam de ideias antiquadas? Ou será que Joseph estava certo e a natureza humana não tinha mudado? Ele se perguntava se esses princípios funcionariam nos dias de hoje. Como Lisa reagiria a eles?

Já estava escuro quando Joseph e Michael chegaram ao carro. Eles ouviram os pios de uma coruja na floresta.

Michael ligou o motor, arrancou e saiu do parque. Logo Joseph adormeceu. Enquanto dirigia de volta à cidade, Michael ficou pensando em sua vida. O que aconteceria se seu relacionamento com Lisa não mudasse? Tinha amigos divorciados, mas não queria isso para si.

Ao entrar no bairro de seus avós, Michael diminuiu a velocidade e Joseph acordou. Michael encostou o carro na entrada da casa do avô. Joseph abriu a porta e disse:

– Obrigado por ter sido meu guia hoje. Não fique muito tempo pensando no que eu disse. Experimente colocar logo em prática e me conte como está indo.

No século XII, Maimônides escreveu: "Mesmo que um homem tenha muito dinheiro e sua esposa tenha muitos servos, ela não deve ficar ociosa, sem trabalho."

Capítulo 21

Esse sempre foi o significado

Quatro meses depois, Michael, Lisa e seus filhos, Danny e Jessica, foram visitar Joseph e Sarah. Michael parecia relaxado, assim como Lisa, que olhava o tempo todo para o marido, sorrindo. Sarah tinha feito biscoitos amanteigados para as crianças. Ela adorava vê-los se deliciando com suas receitas. Antes de começar a comer os biscoitos, Jessica os ofereceu a Michael e Lisa.

Joseph estava em seu escritório e Michael foi falar com ele.

– Como estão as coisas com Lisa? – perguntou o avô.

– Melhores. Eu fiz o que você disse. Não estava convencido de que funcionaria, mas nada mais estava dando certo, então resolvi tentar. Eu sempre me perguntava: "O que o vovô faria nessa situação?" E era o que eu fazia.

– E o que aconteceu?

– Não expliquei nada a Lisa. Simplesmente fiz. Ela pareceu surpresa no início. Brigava comigo, mas eu não cedia. Quando ela começava a me pressionar, eu pensava no que você tinha dito. Ela não se abrandava. Cheguei a pensar que talvez fosse o fim de nosso casamento, mas estava decidido a mudar. Aos poucos, as coisas foram melhorando. Lisa começou a ficar mais feliz e parou de me criticar. Comecei a enxergar a pessoa boa que ela é.

– Isso é ótimo!

– Comecei a conversar com meus amigos sobre essas lições. Sabe o que disseram? O mesmo que eu lhe disse, que parece uma atitude controladora. Foi então que tive uma ideia.

– Qual?

– Pensei que precisávamos de uma nova palavra, para que as pessoas não reagissem com ideias preconcebidas. Então decidi que usaria um novo termo e lhe daria o meu significado, como os que inventaram a palavra "reengenharia".

– Qual é a palavra?

– "Maridagem", como se diria em "um homem tem que demonstrar maridagem".

– Bem...

– Não parece ser a palavra certa?

Joseph assentiu.

– É boa.

– A primeira coisa que fiz foi procurá-la no dicionário, para ver se já existia.

Joseph ficou curioso.

– E existe?

– Existe, sim. E não é só isso. Sabe o que significa?

– Nem consigo imaginar. Diga.

– Significa exatamente o que eu queria que significasse.

Michael pegou seu caderno, abriu-o e leu:

– Maridagem significa vida de casados. No sentido figurado, é a união entre duas ou mais coisas. Ser marido significa ser o líder masculino de um lar. Significa alguém que administra seu lar com habilidade e parcimônia. Também é um verbo. "Maridar" significa fazer crescer ou crescer enlaçado, junto. Vovô, segundo o dicionário essa acepção data do século XII![53]

– Interessante.

– Vovô, não é nenhuma novidade. Esse sempre foi o significado de ser marido.

Esse sempre foi o
significado de ser marido.
Lembre-se, ela quer admirá-lo.
Comece do início e leia
essa história outra vez.

Capítulo 22

Passos fundamentais para se tornar o homem forte que as mulheres querem

Demonstre mais liderança

Demonstrar liderança significa pensar num bem maior, focar no que é melhor para sua esposa e sua família. Em geral, isso implica deixar de lado o que você quer para si mesmo. Liderar é o oposto de ser controlador, é não pensar de forma egoísta.

E como demonstrar mais liderança se quem toma a maior parte das decisões é sua mulher? Primeiro, aqui está o que você não deve fazer: quando sua esposa tomar uma decisão, a menos que você realmente acredite que a opção dela possa ser nociva, não pense que estará demonstrando liderança ao dizer: "Não, não vamos fazer isso. Vamos fazer justamente o contrário." Essa atitude pode gerar conflitos e arruinar a relação.

Comece prestando mais atenção ao que acontece em seu relacionamento e em sua casa. Quando vir um problema, tome a iniciativa e o resolva. Se você não tem certeza de como agir, busque uma solução. Ao tomar a iniciativa de resolver os problemas – principalmente os mais difíceis – e não deixá-los para sua esposa, você começará a se transformar em um herói para ela. Até que se acostume com o fato de você estar tomando a frente, ela pode ignorar suas primeiras tentativas. Continue atento às situações nas quais você pode demonstrar sua liderança e se adiante para resolvê-las.

Tome decisões

Para não serem tachados de controladores, muitos homens têm se tornado o extremo oposto, deixando que suas esposas tomem a maioria das decisões. Para muitas mulheres, um homem que evita ter de decidir – pedindo sempre que elas escolham ou protelando até que situação se resolva sozinha – está fugindo às suas responsabilidades.

Há muitas situações nas quais a decisão em si não é de extrema importância mas ainda assim precisa ser tomada. As mulheres geralmente querem que os homens façam isso. Por exemplo, quando sua esposa pergunta o que você gostaria de jantar e sua resposta é que qualquer coisa está bom. Ora, se ela lhe perguntou, quer que *você* decida. Se não tem nenhuma preferência, simplesmente escolha qualquer coisa.

Assuma a responsabilidade

Espera-se que o homem assuma a responsabilidade pelo que está acontecendo em seu relacionamento e em sua casa. Isso significa que ele deve lidar com as situações negativas assim que elas surgirem, impedindo-as de continuar indefinidamente.

Quando algo der errado, assuma a responsabilidade por melhorar a situação. Não culpe sua esposa – mesmo que só por pressão dela você tenha concordado com algo que acreditava que pudesse dar errado. Culpá-la pode arruinar sua relação. Ninguém apoia um marido que põe a culpa em sua mulher. Afinal, ele é o homem. Por que deixou que isso acontecesse?

Notas

1. *What Wives Wish Their Husbands Knew About Women*, do Dr. James Dobson. Tyndale House Publishers, Wheaton, Illinois, 1975, p. 102.
2. *The Life of Themistocles*, de A. J. Podlecki. McGill--Queen's University Press, Montreal, 1975.
3. *The Concise Columbia Dictionary of Quotations*, de Robert Andrews. Columbia University Press, Nova York, 1987, p. 113.
4. *My Truth*, de Edda Mussolini Ciano, conforme relatado a Albert Zarca. William Morrow and Company, Nova York, 1977, p. 40.
5. *The Wicked Wit of Winston Churchill*, compilado por Dominique Enright. Michael O'Mara Books Limited, Londres, 2001, p. 107.

6. *Ibid.*, p. 106.
7. *Horeb*, de Samson Raphael Hirsch, traduzido do alemão para o inglês pelo Dr. I. Grunfeld. Soncino Press, Londres, 1962, volume II, 80:525, p. 393.
8. *The Complete Artscroll Siddur*. Mesorah Publications Ltd., Nova York, 1984, p. 811.
9. *Dr. Spock on Parenting*, de Benjamin Spock, M.D. Pocket Books, Nova York, 1989, pp. 71 e 73. (*Educando filhos para os novos tempos*, Nova Fronteira.)
10. *Ibid.*, p. 76.
11. *Ibid.*
12. *Ibid.*
13. *Life Without Father*, de David Popenoe. The Free Press, Nova York, 1996, p. 81.
14. *The Talmud*, com comentários de Adin Steinsaltz. Random House, Nova York, 1989, The Steinsaltz Edition, Tractate Bava Metzia, volume 1, parte 1, pp. 59a e 231. (*O Talmud essencial*, A. Koogan.)
15. *Ibid.* Ver também *The Talmud*. Mesorah Publications Ltd., Nova York, 1993, The Schottenstein Edition, Tractate Bava Metzia, p. 59a e nota de rodapé 14.
16. *The Talmud. Op. cit.*, The Schottenstein Edition, Tractate Beitzah, p. 32b.
17. *Ibid.*
18. Gênesis 2:18.

19. *The Chumash*. Mesorah Publications Ltd., Nova York, 1993, p. 13.
20. *Gênesis*, Mesorah Publications Ltd., Nova York, 1977, volume 1, p. 104.
21. Provérbios 23:7.
22. Gênesis 3:12.
23. Gênesis 3:17.
24. *The Chumash*. *Op. cit.*, p. 18.
25. *Table for Two: Making a Good Marriage Better*, de Avraham Peretz Friedman. Targum/Feldheim, pp. 17-18.
26. *Webster's New World Dictionary*. Nelson Foster e Scott Ltd., Toronto, 1964, College Edition, pp. 887 e 893.
27. *Dicionário eletrônico Houaiss da língua Portuguesa 1.0*. Objetiva, Rio de Janeiro, 2009.
28. *Ibid.*
29. Os dicionários de publicação recente podem não incluir algumas das acepções mais positivas da palavra "viril". De acordo com os editores do *Merriam-Webster's Collegiate Dictionary*, a forma como a palavra "viril" é usada mudou desde a segunda metade do século XX (correspondência com os editores).
30. *Webster's New World Dictionary*. *Op. cit.*, p. 1.630.
31. *Strive for Truth!*, de Eliyahu Eliezer Dessler, traduzido para o inglês por Aryeh Carmell. Feldheim Publishers, Nova York, 1978, parte 1, p. 129. (*Em busca da verdade*, Sêfer.)

32. *Ibid.*, p. 126.
33. *Ibid.*, p. 132.
34. *Ibid.*
35. *Horeb. Op. cit.*, 81:538, p. 401.
36. *Strive for Truth!. Op. cit.*, pp. 128-129.
37. *Ibid.*
38. *What is a man?*, editado por Waller R. Newell. HarperCollins Publishers, Nova York, 2000, p. 290.
39. Ver nota 27.
40. *Encarta® Online Encyclopedia 2000*. Microsoft Corporation. ©1997-2000. http://encarta.msn.com, "Montaigne, Michel Eyquem de".
41. *What is a man?. Op. cit.*, p. 290.
42. *The Code of Maimonides*, traduzido para o inglês por Isaac Klein. Yale University Press, New Haven e Londres, 1972, livro 4, 5:19, p. 98.
43. Talmude. Ética dos pais 4:1.
44. *Midrash Rabba*. Levítico 22:4.
45. *Wisdom of the Generals*, de William A. Cohen, Ph.D. Prentice Hall Press, Paramus, NJ, 2001, p. 44.
46. *The Babylonian Talmud*, traduzido para o inglês por Israel Slotki. Traditional Press, Nova York, Tractate Yebamoth, p. 63a e nota de rodapé 18.
47. *The Talmud. Op. cit.*, The Steinsaltz Edition, p. 59a.
48. *Ibid.*
49. Talmude. Ética dos pais 4:1.

50. *The Talmud. Op. cit.*, The Schottenstein Edition, p. 25b e nota de rodapé 31.

51. *The Code of Maimonides. Op. cit.*, 21:10, p. 133.

52. *Ibid.*, 21:3, p. 131.

53. Ver nota 27.

Sobre o autor

Para compreender os desafios que quase todos os casais enfrentam, Elliott Katz decidiu estudar a sabedoria de todos os tempos e encontrou lições poderosas que lhe forneceram as respostas que procurava. Logo as pessoas começaram a lhe pedir conselhos e a perguntar: "Por que ninguém nunca me disse isso antes?"

Elliott Katz é redator de discursos e autor de sete livros de não ficção. Já escreveu sobre diversos assuntos, de aventuras ao ar livre a economia e como estimular a geração de ideias no ambiente de trabalho. Katz dá aulas, seminários e conferências sobre os princípios apresentados neste livro.

www.elliottkatz.com

INFORMAÇÕES SOBRE OS PRÓXIMOS LANÇAMENTOS

Para receber informações sobre os
lançamentos da Editora Sextante,
basta cadastrar-se diretamente no site
www.sextante.com.br

Para saber mais sobre nossos títulos e autores,
e enviar seus comentários sobre este livro, visite
o nosso site www.sextante.com.br ou mande um e-mail
para atendimento@esextante.com.br.

Editora Sextante
Rua Voluntários da Pátria, 45 / 1.404 – Botafogo
Rio de Janeiro – RJ – 22270-000 – Brasil
Telefone: (21) 2286-9944 – Fax: (21) 2286-9244
E-mail: atendimento@esextante.com.br